AF603593

2 Mai 1906

marqué P

VENTE

Les Mercredi 2 et Jeudi 3 Mai 1906

HÔTEL DROUOT, SALLE N° 11

[illegible]

Étoffes Anciennes

OBJETS D'ART

ET

D'AMEUBLEMENT

Appartenant à Madlle M. F...

COMMISSAIRE-PRISEUR

Me PAUL CHEVALLIER

10, rue Grange-Batelière

EXPERTS

MM. MANNHEIM

7, rue Saint-Georges

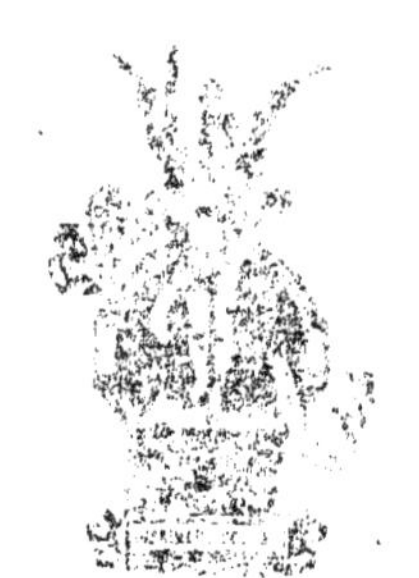

CATALOGUE

DES

ÉTOFFES ANCIENNES

VELOURS DES XVe ET XVIe SIÈCLES

SOIERIES LOUIS XIV, LOUIS XV ET LOUIS XVI

Faïences et Porcelaines — Objets variés

PENDULES, BRONZES

SIÈGES, MEUBLES

TAPISSERIES — TAPIS D'ORIENT

APPARTENANT A MAD^LLE M. F...

Et dont la Vente aura lieu, à Paris

HOTEL DROUOT, SALLE N° 11

Les Mercredi 2 et Jeudi 3 Mai 1906

à deux heures

COMMISSAIRE-PRISEUR

Me PAUL CHEVALLIER

10, rue Grange-Batelière

EXPERTS

MM. MANNHEIM

7, rue Saint-Georges

EXPOSITION PUBLIQUE

Le Mardi 1er Mai 1906, de 1 heure 1/2 à 5 heures 1/2

CONDITIONS DE LA VENTE

Elle sera faite au comptant.

Les adjudicataires paieront *dix pour cent* en sus des enchères.

Paris. — Imp. de l'Art, E. Moreau et Cie, 41, rue de la Victoire.

ORDRE DES VACATIONS

Le Mercredi 2 Mai 1906

Étoffes diverses	1 à 64
Velours.	65 à 118

Le Jeudi 3 Mai 1906

Faïences et porcelaines.	119 à 133
Objets variés	134 à 147
Pendules, Bronzes.	148 à 155
Meubles	156 à 193
Tapisseries, Tapis.	194 à 206

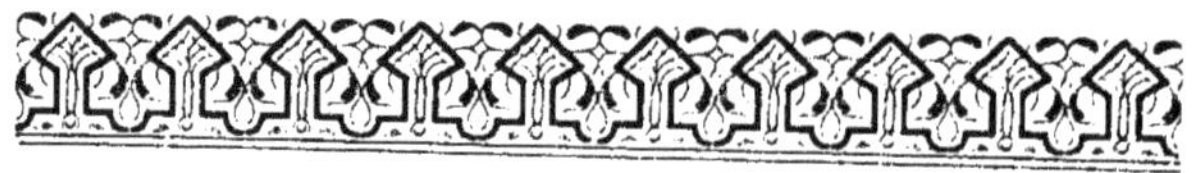

DÉSIGNATION

ETOFFES DIVERSES

1 — Carré de drap d'or bouclé à grenades. Fin du xve siècle.

2 — Carré de damas rouge lamé argent doré. xvie siècle.

3 — Petit panneau bouclé d'argent doré, bordure de velours rouge avec applications. Espagne. xvie siècle.

4 — Chape en damas rouge avec orfroi de satin rouge soutaché de métal. xvie siècle.

5 — Panneau en brocatelle à ramages violets sur fond jaune, à dessin de trophées, rinceaux et à l'aigle d'Empire. xvie siècle.

6 — Devant de chasuble en brocart à fond violet. xvie siècle.

7 — Deux orfrois en damas bleu, avec applications de broderies de soie et d'argent doré, à dessin d'entrelacs et de quarte-feuilles. XVIe siècle.

8 — Jupe en brocart à fleurs sur fond vert. XVIe siècle.

9 — Bande formée de deux carrés en satin rose brodé argent doré et de soie : armoiries, couronnes et rinceaux. XVIe siècle.

10 — Chasuble en brocatelle, avec orfroi de velours rouge et applications en broderie de soie et d'argent doré à armoiries, rinceaux et médaillons à sujets saints, Espagne. XVIe siècle.

11 — Panneau en satin rouge broché jaune à couronnes et fleurons. XVIe siècle.

12 — Devant d'autel en broderie de soie et argent doré, présentant sous quatre arcades des sujets saints avec médaillons et figures en haut et en bas. Italie, XVIe siècle.

13 — Dalmatique en drap d'or bouclé, décorée de bandes et de carrés de velours rouge brodés de soie et d'or, à dessin d'armoiries, de couronnes et de fleurons. Italie, XVIe siècle.

14 — Devant d'autel en brocart à fleurs sur fond vert avec galons et frange à grille métallique. XVIe siècle.

15 — Chasuble en brocart d'argent sur fond orangé, avec galon de métal. XVIe siècle.

16 — Carré de satin bleu, avec broderie et applications aux armes d'un prélat. Italie, XVIe siècle.

17 — Bandeau de soie verte brochée à ramages crème. XVIe siècle.

18 — Manteau de Vierge en brocart d'argent doré sur fond rouge. Espagne, XVIe siècle.

19 — Chasuble en brocart à fleurs sur fond vert. Espagne, XVIe siècle.

20 — Chape en brocatelle rouge à ramages jaunes, brodée d'une bande de velours rouge, avec applications. XVIe siècle.

21 — Chasuble en soie blanche, avec applications de broderies à fleurs; orfroi en velours rouge et borderie de soie et d'argent, à rinceaux et médaillons à sujets saints. Italie, XVIe siècle.

22 — Panneau de damas crème, à grands ramages. Epoque Louis XIV.

23 — Panneau de damas violet, à grands ramages. Epoque Louis XIV.

24 — Longue bande en brocart d'argent, à feuillages sur fond rouge-brique damassé. Epoque Louis XIV.

25 — Grand panneau de damas crème, avec bande en broderie, à rinceaux et cornes d'abondance. Avec lambrequin assorti, à décor d'écussons d'armoiries. XVIe siècle.

26 — Tapis en satin bleu, avec broderie de soie, à décor de personnages, fleurs, animaux, aigle héraldique. Espagne, XVIe siècle.

27 — Bandeau en satin crème, avec applications de rinceaux en noir, présentant deux écussons armoriés. XVIe siècle.

28 — Partie de chasuble en damas vert, à fleurs. XVIIe siècle.

29 — Chasuble en brocart, à fleurs sur fond marron. XVIIe siècle.

30 — Panneau en soie bleue, lamée d'argent doré, à grosses feuilles. Epoque Régence.

31 — Panneau en soie rayée rose et brochée à fleurs. Epoque Louis XV.

32 — Panneau en soie rayée rose et vert et brochée à fleurs. Epoque Louis XV.

33 — Bannière en soie crème brochée à fleurs, avec entre-deux de dentelle d'argent et revers de velours rouge. Epoque Louis XV.

34 — Manteau de Vierge en brocart broché à fleurs. Epoque Louis XV.

35 — Panneau en soie verte, rayée blanc et brochée à fleurs. Epoque Louis XVI.

36 — Quatre rideaux en lampas Louis XVI, à ramages blancs : amours, animaux, torches, etc., sur fond bleu-pâle.

37 — Panneau en soie crème brochée, à fleurettes en couleurs. Epoque Louis XVI.

38 — Panneau en satin crème, à fleurettes et entrelacs polychromes. Epoque Louis XVI.

39 — Panneau en soie bleu pâle rayée et brochée, à corbeilles de fleurs. Epoque Louis XVI.

40 — Panneau en soie vieux rose rayée. Epoque Louis XVI.

41 — Chape en satin bleu rayé et broché, à fleurs, avec parties lamées de métal. Epoque Louis XVI.

42 — Lot de satin crème broché, à fleurs. Époque Louis XVI.

43 — Jupe en ancien satin violet, lamé de métal.

44 — Dessus de banquette en soie brochée, à fleurs ; encadrement à fond bleu clair. Fin de l'époque Louis XVI.

45 — Dos de chasuble en soie blanche brodée en chenille, à fleurs. XVIIIe siècle.

46 — Manteau de Vierge en soie bleue, avec cannetilles et paillettes métalliques. XVIIIe siècle.

47 — Chape en satin crème damassé et broché, à fleurs en couleurs.

48 — Panneau en broderie de soie chinoise, à personnages.

49 — Panneau en satin bleu clair broché, à fleurs.

50 — Panneau en soie brochée, à fleurs, sur fond bleu-pâle.

51 — Panneau en satin vert broché, à corbeilles de fleurs.

52 — Panneau en satin vieux rose broché, à fleurs, avec rayures bleues et jaunes.

53 — Fort lot de moire de soie jaune.

54 — Lot de lampas, à fleurs en blanc et vert, sur fond cerise.

55 — Chape en soie brochée, à petits ramages, sur fond rose.

56 — Quatre bandes en tapisserie au point, à fleurs, sur fond jaune ; bordure de franges. XVIIe siècle.

57 — Deux carrés en tapisserie au point, à sujets tirés de l'Histoire d'Angleterre.

58 — Petit panneau en soie rouge brodé : l'Enseve-lissement du Christ. Ancien travail gréco-russe.

59 — Portière en soie brochée et lamée de métal, à dessin de motifs réguliers. Ancien travail oriental.

60 — Petit panneau de satin rouge broché blanc et métal, à dessin de disques. Ancien travail oriental.

61 — Carré de broderie à motifs réguliers. Travail persan.

62 — Carré en satin rouge brodé de soie et de métal, bordure à fond vert. Ancien travail persan.

63 — Petite bande de soie rose brodée, présentant six oiseaux. Travail oriental.

64 — Echarpe en satin rouge brodé de métal aux extrémités, à dessin de vases et d'oiseaux. Travail oriental.

VELOURS

65 — Panneau en velours à grenades en vert sur fond jaune. Espagne, fin du xve siècle.

66 — Panneau de velours rouge frappé avec motifs irréguliers, lamés argent doré. Fin du xve siècle.

67 — Lambrequin en velours rouge à dessin de grenades, lamé et bouclé d'argent doré, de la fin du xve siècle, avec frange à grille du xvie siècle.

68 — Grand panneau en velours rouge bouclé d'argent doré, à dessin de grosses grenades. Espagne, fin du xve siècle.

69 — Tapis en velours rouge ciselé à grenades, et velours vieil or à petits motifs rouges. Bordure de frange à grille. Fin du xve siècle.

70 — Dos de chasuble en velours rouge frappé, à grenades, avec orfroi brodé de soie et d'argent doré, à dessin de figures, dragons, oiseaux, arbustes en fleurs et écussons armoriés de gueules à la herse d'or. Travail anglais, fin du xve siècle.

71 — Deux carrés pouvant accompagner la chasuble précédente.

72 — Partie de chasuble en velours rouge bouclé d'argent doré, à dessin de grenades et fleurettes. Espagne, fin du xve siècle.

73 — Panneau en velours rouge ciselé et bouclé d'argent doré, à dessin de fruits et fleurs stylisés. Italie, fin du xve siècle.

74 — Chasuble en velours jaune, avec broderies présentant la crucifixion, des figures de saints,

des anges, et des fleurs. Commencement du xvie siècle.

75 — Devant d'autel en velours vert, avec broderie métallique à motifs irréguliers ; frange à grille. xvie siècle.

76 — Portière en velours et satin rouge, avec applications et broderies d'argent, inscriptions hébraïques et imbrications. xvie siècle.

77 — Bandeau et deux montants en velours violet, avec applications à rinceaux et entrelacs. Italie, xvie siècle.

78 — Bandeau en velours rouge brodé de soie et d'argent doré à gros reliefs ; armoiries et rinceaux. xvie siècle.

79 — Carré de velours rouge, avec applications à entrelacs, palmettes et petits carrés. xvie siècle.

80 — Devant d'autel en velours rouge brodé d'argent doré, présentant un pape assis sur un trône ainsi que trois autres sujets saints. xvie siècle.

81 — Bandeau en velours vert, avec applications à rinceaux. xvie siècle.

82 — Bande formée de quatre rectangles en velours bleu, avec applications : fruits et rinceaux. xvie siècle.

83 — Longue bande de velours rouge, avec applications de broderies d'argent doré à rinceaux, avec frange. XVIe siècle.

84 — Deux orfrois en velours vert, avec applications : fleurons, calice et oiseaux. (Italie, XVIe siècle.

85 — Petit panneau de velours à ramages violets sur fond clair. XVIe siècle.

86 — Panneau de velours vert ajouré. XVIe siècle.

87 — Petite bande formée de deux carrés en velours rouge, avec applications : armoiries. couronnes et rinceaux fleuris. XVIe siècle.

88 — Chasuble en velours rouge brodé d'argent doré, à rinceaux fleuris. XVIe siècle.

89 — Dos de chasuble en velours, à dessin de grenades en vert bouclé d'argent doré, sur fond lamé d'argent doré, de la fin du XVe siècle, avec orfroi de velours rouge, avec applications à dessin de rinceaux, du XVIe siècle.

90 — Dos de chasuble en velours rouge, avec applications et broderies de soie et d'argent doré, à dessin d'écussons armoriés, médaillons à sujets saints, rinceaux et monogramme du Christ. Espagne, XVIe siècle.

91 — Longue bande formée de carrés de velours jaune ciselé, à petits ramages, avec bordure de velours rouge. XVIe siècle.

92 — Bande de velours rouge, avec applications, motifs rayonnants, et écusson armorié dans un angle. XVIe siècle.

93 — Devant de chasuble en velours à fond vert, avec orfroi brodé. XVIe siècle.

94 — Devant d'autel, composé de huit carrés en velours marron, avec applications : monogrammes du Christ et de la Vierge. XVIe siècle.

95 — Panneau en velours ciselé à petits motifs verts sur fond vieil or, avec écussons appliqués. Italie, XVIe siècle.

96 — Devant d'autel en velours bleu, avec applications de broderie, de soie et d'argent doré à dessin d'emblèmes et d'armoiries. Espagne, XVIe siècle.

97 — Dos de chasuble en velours rouge, avec applications et broderies à rinceaux et sujets saints. Italie, XVIe siècle.

98 — Deux bandes de velours rouge, avec applications de broderies : vases de fleurs. XVIe siècle.

99 — Devant d'autel en velours bleu, avec applications : fleurons, cornes d'abondance et bustes. Espagne, XVIe siècle.

100 — Tapis de selle en velours rose, avec broderie d'argent doré à rinceaux. xvie siècle.

101 — Chasuble en velours rouge rayé, avec applications aux armes d'un prélat. xvie siècle.

102 — Dalmatique en velours rouge et velours vert. xvie siècle.

103 — Chasuble en velours orange du xvie siècle, orfroi en velours rouge, aux armes d'un prélat.

104 — Chasuble en velours rouge, orfroi en brocatelle, à sujets saints. xvie siècle.

105 — Dalmatique en velours rouge, avec carrés de brocatelle à sujets saints. xvie siècle.

106 — Chape en velours frappé jaune, avec bordure de velours rouge. xvie siècle.

107 — Chasuble en velours vert, avec orfroi en satin vert brodé à fleurs, présentant une figure de saint Nicolas en broderie de soie et d'argent. xvie siècle.

108 — Grande portière en velours rouge; revers de peluche verte. xviie siècle.

109 — Lambrequin en velours rouge frappé, avec bandes étroites brodées et frange à grille. xviie siècle.

110 — Bannière en velours bleu brodé d'argent, présentant un écusson, appliqué en broderie d'argent et de soie, chargé de quatre fleurs de lys et de deux clés en sautoir.

111 — Lot de velours corail, à fleurs.

112 — Panneau de velours ciselé, à fleurs et étoiles en rouge sur fond blanc. Bordure de velours à ramages violets sur fond blanc.

113 — Selle avec fontes et accessoires en velours rouge, brodé de métal, et ornée de glands métalliques. Ancien travail oriental.

114 — Panneau en velours rouge, orné de grosses fleurs stylisées en blanc et rouge. Ancien travail oriental.

115 — Autre plus petit en velours rouge, blanc et vert. Même travail.

116 — Panneau en velours rouge sur fond or, à dessin de rosaces. Ancien travail oriental.

117 — Petit panneau en velours de Scutari : disques sur fond rouge.

118 — Panneau en velours de Scutari, à ramages violets.

FAIENCES ET PORCELAINES

119 — Plat en ancienne faïence de Faenza : entrelacs et fleurettes en bleu.

120 — Plat en ancienne faïence hispano-moresque, décor à reflets métalliques, rehauts de bleu : feuillages.

121 — Plat à ombilic en ancienne faïence hispano-moresque, décor bleu et à reflets métalliques : feuillages.

122 — Plat en ancienne faïence hispano-moresque, décor à reflets métalliques : chimére.

123 — Plat en ancienne faïence hispano-moresque : godrons obliques au marli.

124 — Plat en ancienne faïence hispano-moresque, décor à reflets métalliques : buste de femme.

125 — Bassin en ancienne faïence hispano-moresque, décor à reflets métalliques : fleurons sur l'ombilic, godrons obliques au marli. Revers orné.

126 — Bassin en ancienne faïence hispano-moresque, décor à reflets métalliques, écusson chargé d'un taureau sur l'ombilic, godrons obliques au marli. Revers orné.

127 — Salière à cariatides et mascarons en ancienne faïence de Palissy. (*Vente Spitzer*)

128 — Groupe en ancien biscuit de Sèvres : sujet galant.

129 — Groupe en ancien biscuit de Sèvres : sujet galant. Marque de Brachard ?

130 — Vase-rouleau en porcelaine de Chine, décor de paysages animés.

131 — Potiche : rochers et fleurs, ancienne porcelaine de Chine, famille rose.

132 — Chimère en ancienne porcelaine de Chine, émaillée sur biscuit.

133 — Groupe de deux personnages, en ancienne porcelaine de Chine, famille rose.

OBJETS VARIÉS

134 — Bassin d'ancien travail oriental en cuivre gravé à inscription. (*Vente Lelong*).

135 — Mandoline napolitaine incrustée de nacre avec la signature : *Antonius Vinaccia, 1756.*

136 — Statue, grandeur nature, en bois sculpté, peint et doré : Saint Michel terrassant le dragon. Fin du xvie siécle.

137 — Chef reliquaire de sainte Eulalie en bois sculpté, peint et doré. Ancien travail espagnol.

138 — Deux statuettes en marbre blanc : l'Été et l'Automne. Ancien travail italien.

139 — Buste grandeur nature en marbre blanc : Empereur romain. Ancien travail italien.

140 — Petit buste en marbre blanc : jeune femme, la tête inclinée vers l'épaule gauche. XVIIe siècle.

141 — Statuette en marbre blanc d'enfant nu endormi. Italie, XVIIIe siècle.

142 — Vitrail en couleurs : Saint Nicolas et un donateur.

143 — Vitrail en couleurs : personnages et ornements gothiques.

144 — Harpe en bois sculpté, peint et doré, décor de feuillages, fleurs, etc. Signée : *Naderman, à Paris*. Epoque Louis XVI.

145 — Cadre en bois sculpté et doré, à feuillages et fleurs. Il renferme une peinture en grisaille : Amours. XVIIIe siècle.

146 — Petit dessus de porte en bois sculpté, peint gris et doré, à décor de rubans, vase et rinceaux feuillagés. Epoque Louis XVI.

147 — Deux dessus de portes, ornés de peintures, en camaïeu gris, avec encadrements de rinceaux en bois sculpté, doré et appliqué. Fin du XVIIIe siècle.

PENDULES, BRONZES

148 — Pendule, sur socle-applique, Louis XIV, en marqueterie de cuivre et d'écaille ; appliques, figure et ornements en bronze.

149 — Cartel Louis XV en bronze, de forme contournée, à fleurs, rocailles et attributs.

150 — Deux chenets en bronze, à décor de lions. Epoque Louis XVI.

151 — Cartel Louis XVI en bronze doré, à décor de têtes de boucs, vases de flammes et mufle de lion.

152 — Pendule en bronze partiellement doré : Jeune femme et enfant accompagnés d'un chien. Base en marbre vert. Epoque Empire.

153 — Pendule Empire en bronze doré : berger, chien et trophée.

154 — Deux petits flambeaux en marbre blanc et bronze, à bouquets de fleurs.

155 — Pendule en bronze, à guirlandes, mascarons et pieds-griffes.

MEUBLES

156 — Coffre de mariage en bois sculpté et partiellement doré. Décor de personnages, cartouches, carquois, feuillages, etc. Ancien travail italien.

157 — Meuble Renaissance, à deux corps, ouvrant à quatre portes et contenant deux tiroirs, décor de cannelures et feuillages.

158 — Meuble Renaissance en bois sculpté, ouvrant à deux portes et contenant deux tiroirs, décor de mascarons, rinceaux et godrons. Il repose sur une console à fond plein et à colonnettes. (*Vente Lelong.*)

159 — Fauteuil Louis XIII en bois sculpté et tourné, à décor de têtes de béliers et feuilles. Il est couvert de tapisserie au point, à fond bleu.

160 — Armoire Louis XIV en bois sculpté, peint et doré, ouvrant à deux portes munies de glaces, décor de feuilles de chêne, tête de chérubin, coquille, etc.

161 — Table de milieu Louis XIV en bois sculpté et doré, avec croisillon d'entrejambes. Décor de mascarons, feuillages, etc. Dessus de marbre.

162 — Commode Régence en bois de placage, munie de trois tiroirs. Poignées de tirage et entrées de serrures en bronze. Dessus de marbre. (*Vente Fitz-James.*)

163 — Chaise Louis XV en bois sculpté, à fleurs, à siège et dossier cannés.

164 — Bout de chaise-longue Louis XV en bois sculpté et doré, couvert en soie brochée, à fleurs sur fond rose.

165 — Table à coiffer Louis XV en bois de placage, avec miroir, compartiments et tiroirs.

166 — Petite table oblongue Louis XV en bois de placage à quadrillés, munie de quatre tiroirs. Dessus de marbre de couleur. Sabots en bronze.

167 — Secrétaire Louis XV en bois de placage et marqueterie, à abattant et portes. Dessus de marbre.

168 — Petite table Louis XV en bois de placage, munie d'un tiroir et d'une tablette d'entrejambes. Dessus de marbre brèche.

169 — Petit bureau à cylindre Louis XVI en bois de placage. Il est muni de trois tiroirs et d'une tablette de marbre blanc avec galerie de cuivre.

170 — Table Louis XVI en acajou de Jacob, munie d'un tiroir. Dessus de marbre blanc.

171 — Écran en bois sculpté et doré, à décor de mascaron et feuillages. Feuille en satin brodé de soie et de métal, à rinceaux et fruits. XVIIIe siècle.

172 — Meuble de salon de la seconde moitié du XVIIIe siècle en bois sculpté, peint noir et doré, à décor de fleurs, postes, vases, etc. Il est couvert en satin broché, à décor de médaillons, vases, amours et oiseaux, en blanc sur fond rouge. Il se compose d'un canapé, six chaises et un tabouret de pieds.

173 — Glace dans un cadre en bois sculpté, peint et doré, à décor de tourterelles, couronne, guirlandes et entrelacs. XVIIIe siècle.

174 — Trumeau en glace et bois sculpté, peint et doré. Décor de rinceaux feuillagés. XVIIIe siècle.

175 — Console en bois sculpté, peint blanc et doré, sur deux pieds cannelés ; frise de rinceaux feuillagés. Dessus de marbre. XVIIIe siècle.

176 — Console en bois sculpté et doré, à décor de mascarons, feuillages et rocailles. Dessus de marbre. XVIIIe siècle.

177 — Lutrin en bois sculpté, aigle aux ailes éployées debout sur une sphère.

178 — Lutrin pliant en bois sculpté, peint et doré, avec dessus en velours vert.

179 — Canapé en bois sculpté et doré, à couronne de feuillages et fleurs. Il est couvert de satin blanc à fleurs.

180 — Deux chaises en bois sculpté et doré, à dossiers ovales, couvertes en soie brochée à fleurs, sur fond vieux rose.

181 — Deux fauteuils en bois sculpté et doré, à décor de cannelures et feuillages, l'un d'eux signé *Blanchard*. Ils sont couverts d'ancienne soie brochée à fleurs, sur fond vert.

182 — Tabouret en bois sculpté et doré, à décor de cannelures et feuillages. Il est couvert en velours frappé à fleurs.

183 — Deux chaises en bois sculpté et doré, à décor de colonnettes cannelées et feuillages. Elles sont couvertes en soie brochée à petites fleurs sur fond blanc.

184 — Tabouret articulé en bois sculpté et doré, couvert en velours rouge.

185 — Deux fauteuils en bois sculpté, peint et doré, portant une signature. Ils sont couverts d'ancienne soie brochée à fleurs sur fond bleu-clair.

186 — Deux tabourets en bois sculpté et doré, couverts en soie brochée et rayée rose à fleurs sur fond blanc.

187 — Tabouret en bois sculpté et doré, couvert en velours rose.

188 — Prie-Dieu en bois sculpté et doré, décor de feuillages, couvert en velours jaune à fleurs.

189 — Paravent à six feuilles en soie peinte, à paysages. Chine.

190 — Cabinet à abattant, muni de tiroirs en bois sculpté, à décor de motifs Renaissance : écusson, lions, enfants, etc.

191 — Fauteuil en bois sculpté et doré, avec croisillon d'entrejambes ; décor de feuillages. Il est couvert d'ancien satin soutaché, à décor de rinceaux et oiseaux.

192 — Table à jeu en bois de placage ; dessus à échiquier.

193 — Deux consoles d'angle en bois de placage, bois sculpté et doré et bronzes : motifs Empire, cariatides de style égyptien, etc.

TAPISSERIES, TAPIS

194 — Tapisserie du XVIe siècle, à personnages : bordure jaune à fruits et feuilles.

Haut., 2 m. 60 cent. ; larg., 3 m. 10 cent.

195 — Fragment de tapisserie du XVIIe siècle, à sujet dans le goût de Bérain. Fond rouge.

196 — Fragment de tapisserie du temps de Louis XIV, tissée d'argent, présentant une grande rosace.

197 — Tapis de table en tapisserie du XVIIIe siècle, présentant des écussons d'armoiries et des fleurs sur fond rouge ; avec noms et date : *1726*, sur la bordure.

198 — Dessus de tabouret en tapisserie de Beauvais, du temps de Louis XVI, à fleurs sur fond crème.

199 — Tapis à motifs géométriques. Ancien.

200 — Carpette orientale à fond blanc, bordure à bande bleue.

201 — Carpette orientale à fond blanc, bordure à petites bandes.

202 — Carpette orientale à fond gros bleu, avec inscriptions.

203 — Carpette orientale à fond blanc.

204 — Fragment de tapis d'Orient à fond gros bleu.

205 — Tapis d'Orient à fond rouge.

206 — Fragments d'anciens tapis de Perse.

www.ingramcontent.com/pod-product-compliance
Ingram Content Group UK Ltd.
Pitfield, Milton Keynes, MK11 3LW, UK
UKHW021030260726
13994UKWH00005B/2065